AF279395

A los niños del Colegio Federico García Lorca (Alcobendas), quienes dieron vida a este cuento en una representación Teatral, demostrando que los valores de cooperación se pueden enseñar a través de historias donde los seres de la naturaleza nos brindan grandes lecciones.
A mi sobrino Guillermo Ortega **"Guille"**, porque sé que le va a fascinar...
A todos los niños pequeños y grandes, para que disfruten la historia con imaginación y hagan suyos estos valores...

Rey
Reina
HormigaPaz
Hormiguel
Hormigona

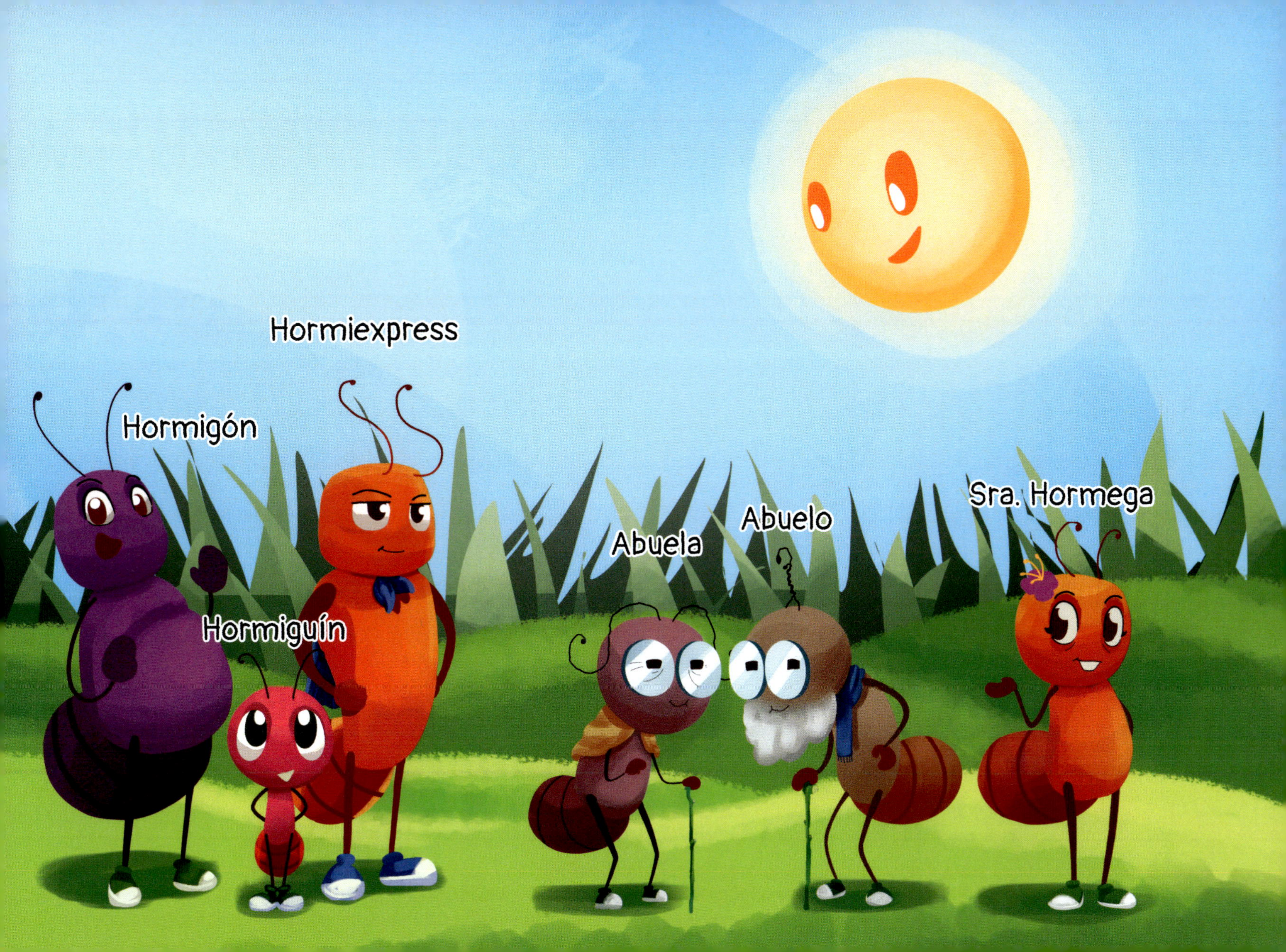

Hormiexpress
Hormigón
Hormiguín
Abuela
Abuelo
Sra. Hormega

En la gran Ciudad Hormiguelandia vivían millones de hormigas, las cuales se reunían en pequeños grupos dentro de sus refugios o cuevecillas.

Todas las mañanas se despertaban muy temprano para irse a trabajar. Las actividades consistían en sacar la arena del refugio, destapar la salida de la cueva mayor, organizarse para buscar la comida y el agua del día, y la que ha de guardarse en el almacén, buscar hojas para hacer los zapatos de las hormigas bebés y atender a el Rey Hormilón y a la Reina Hormipereza. Y, al anochecer, tapar la entrada principal para protegerse de roedores y vientos.

Y así, en un día lleno de mucho sol, despiertan las hormigas... Y bailando y cantando se disponían a trabajar.

Su canto era algo así:

Chac, chac, chac, chac... Chac, chac, chac, chac, trabajar en silencio, todos calladitos, para que el trabajo salga rapidito. Chac, chac, chac, chac... Chac, chac, chac, chac.

Y, al ritmo de la marcha, el grupo "Amanecer" iba a destapar el agujero principal, que se tapaba por la noche a causa del viento fuerte que arrastraba la arena hasta allí.

De pronto sale corriendo Hormiexpress, con dos palas y se adelanta con prisa hacia la salida diciendo:

—¡Fuera, fuera! ¡Déjenme eso a mí, Hormiguillas! Que yo solo destapo la salida, abran paso.

Las hormigas del grupo Amanecer, encargadas de hacer el trabajo, se molestaban mucho y le decían:

—¡Ya vienes tú otra vez! Cada mañana quieres hacerlo todo y a ti te toca traer agua. Ya casi no hay en el depósito. ¿Por qué haces otras cosas y no lo que te toca, Hormiexpress?

Pero la hormiga insistía y abría él solo el agujero.

Mientras tanto, Hormiguel animaba al grupo diciendo:

—¡Vamos, amigos y amigas, que se nos va la mañana, hay mucho por hacer!

Y cantando y bailando se iban al campo.

Cerca de estos, el grupo que recogía los alimentos encontró un botín frente a ellos. Había una cesta llena de dulces y bocadillos de un obrero que trabajaba en el lugar. Varias hormigas decidieron lanzarse hacia la cesta y devorar todo lo que iban encontrando, pero solo consiguieron salir disparadas de un sacudón, porque el obrero sacó un bocadillo para merendar.

Mientras tanto, otras hormigas esperaban pacientes a que aquel humano comiera, ya que habían aprendido que era más fácil esperar a que cayeran las migajas y así poder a la vez jugar con los trozos que caían.

Hormigapaz ayudaba a organizar la recolección de los alimentos, Hormigona llevaba las cortezas de las manzanas, Hormigón las migas de pan, Hormiguín los de chocolate y cada una trataba de cargar iguales cantidades; se esperaban unas a otras y partían rumbo a el Hogar "Cueva mayor".

En el camino se encontraron con Hormiexpress, quien había construido un coche hecho de ramas y quería llevar los alimentos que sus compañeros habían recogido en el campo. Algunos decían:

—Pero ¿qué haces? ¡No vas a poder con tanto peso!

—Sí, sí que puedo —les iba quitando las frutas y algunas rodaban por el suelo.

Mientras tanto, otras hormigas caminaron rápido y llegaron con lo recogido, trabajando en equipo para acabar antes. Mucho más tarde y cansadísima llegó Hormiexpress...

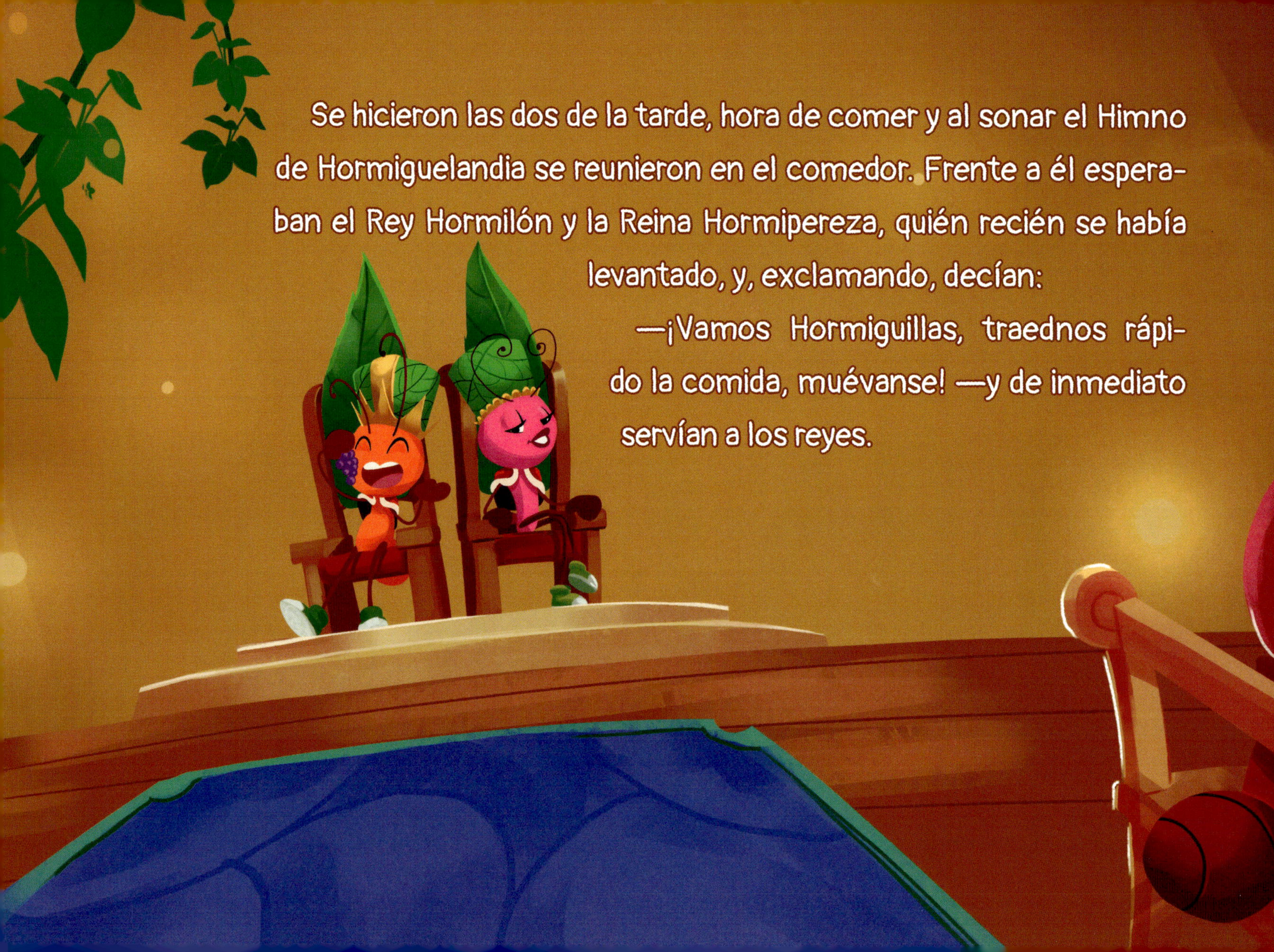

Se hicieron las dos de la tarde, hora de comer y al sonar el Himno de Hormiguelandia se reunieron en el comedor. Frente a él esperaban el Rey Hormilón y la Reina Hormipereza, quién recién se había levantado, y, exclamando, decían:

—¡Vamos Hormiguillas, traednos rápido la comida, muévanse! —y de inmediato servían a los reyes.

Terminada la hora del almuerzo, las hormigas se turnaban, unas iban a la siesta y otro grupo realizaban los zapatitos para las hormigas infantes.

Con cada nacimiento de una hormiga bebé, las hormigas elaboraban zapatos y ropa de hojas para ellas y para intercambiar con las hormigas de otras aldeas.

Todas colaboraban y se distribuían el trabajo, que era una diversión y un momento para compartir.

Hormiexpress: ¡Árbol vaaaa!

Hormiguín: Abuelo, ¿para qué haces eso?

Abuelo Zapahorm: ¡Para aplanarlas hijo!

Veamos cómo trabajan las hormigas en el Taller de Zapazapa:

Recolección de hojas:

Hormigona: ¡Toma!

Hormigapaz: ¡Gracias!

Hormigón: ¡Quedan muy limpias!, ¿no?

Traslado de hojas:

Un grupo de hormigas cargaban, entre todas. una gran hoja y en un mesón-tronco las empezaban a aplanar.

Lavado de hojas:

Una vez aplanadas, las llevan a un río cercano para lavarlas. La delicadeza de las cascadas y el chapoteo del agua las cubre en una fiesta del agua donde el sol les aporta brillo y cada gota es el espejo de ellas.

Una quedó atrapada dentro de una gota y rodó por la hoja hasta que explotó. Las carcajadas no se hicieron esperar.

Secado de hojas:

En este paso, las hormigas suben las hojas a los árboles y las secan en las ramas. Algunas se quedan de guardia, vigilándolas de polillas y otros insectos.

Elaboración de zapatos y ropa:

Una vez secas, las bajan, las cortan y cosen con los patrones de ropa y zapatos.

Envoltura y entrega a domicilio:

Las hormigas empaquetan los pedidos enrollados en hilos de lianas del bosque con la etiqueta del Taller de Zapazapa y, muy modernizados, salen en patinetes eléctricos para hacer la entrega. A cambio obtienen, de hormigas que viven en aldeas cercanas, frutillas y otros recursos para ellos.

Hormiguín: ¡Aquí está su pedido, Sra. Hormega, justo a tiempo!

Todo iba muy bien, hasta que un día empezaron a caer enfermas las hormigas por la escasez de agua. Muchas, tiradas en el suelo, exclamaban: "¡Aguaaa, aguaaa!", con gran desconsuelo.

Abuelo Zapahorm (con cara de enfado): ¡Nunca, en muchos años, nos había ocurrido esto!

Como sabemos, esta responsabilidad era de la Hormiexpress, pero como se dedicaba a hacer otras cosas y no a cumplir sus tareas, trajo como consecuencia esta sequía.

Todos los depósitos en la Cueva Mayor estaban vacíos y no se podía encontrar ni una sola gota de agua.

Las hormigas fueron a donde los Reyes para contarles lo que sucedía y la gravedad del problema y de inmediato les ordenó a todos a salir a buscar agua.

Cabizbajas, marcharon entristecidas hacia el cometido, intentando encontrar solución al problema de la sequía.

Mientras tanto, Hormigaexpress se escondía en el campo para que nadie lo encontrase, ya que había actuado un tanto irresponsable.

En otro lado del bosque, salieron en grupo las hormigas para encontrar algo de agua, pero parecía misión imposible.

Hormigapaz: ¡Ánimo, que hay un bonito sol todavía!

Hormiguín: ¡Caminad, hermanos, que ya encontraremos agua!

Y en marcha unos a otros se animaban.

Hormigapaz: ¡Vengan, corran!

Hormigón: El río está muy lejos, ¡no vamos a llegar!

Hormigona: Pero ¡buscaremos en otros lugares!

De regreso, encontraron a Hormiexpress y lo llevaron ante los Reyes de "Cueva Mayor". Este, con actitud arrepentida, se acercó a ellos.

Al cabo de un rato, Hormiguel, que era muy curioso, destapó una hoja y debajo de ella había un charco suficiente como para calmar la sed de todas las familias de la "Cueva Mayor". Pero como la hoja era muy pesada, llamó a sus compañeros y juntos pudieron levantar la hoja, beber agua y llevar reservas al hogar.

Hormiexpress: ¡Lo siento!

Pidió disculpas y los reyes le pusieron como castigo atender a las hormigas enfermas por la sequía.

Al atardecer empezó una reunión especial en donde todos opinaban. Cada miembro comenzó a decir sus ideas, expresando cómo se sentían en el Hogar y pidiendo cada uno la palabra.

Sra. Hormega: Tenemos un problema, casi no queda agua.

Abuelo zapahorm: No se respetaron las tareas que a cada uno nos tocaba hacer.

Abuela hormitica: ¡Hacen falta más hormigas que ayuden!

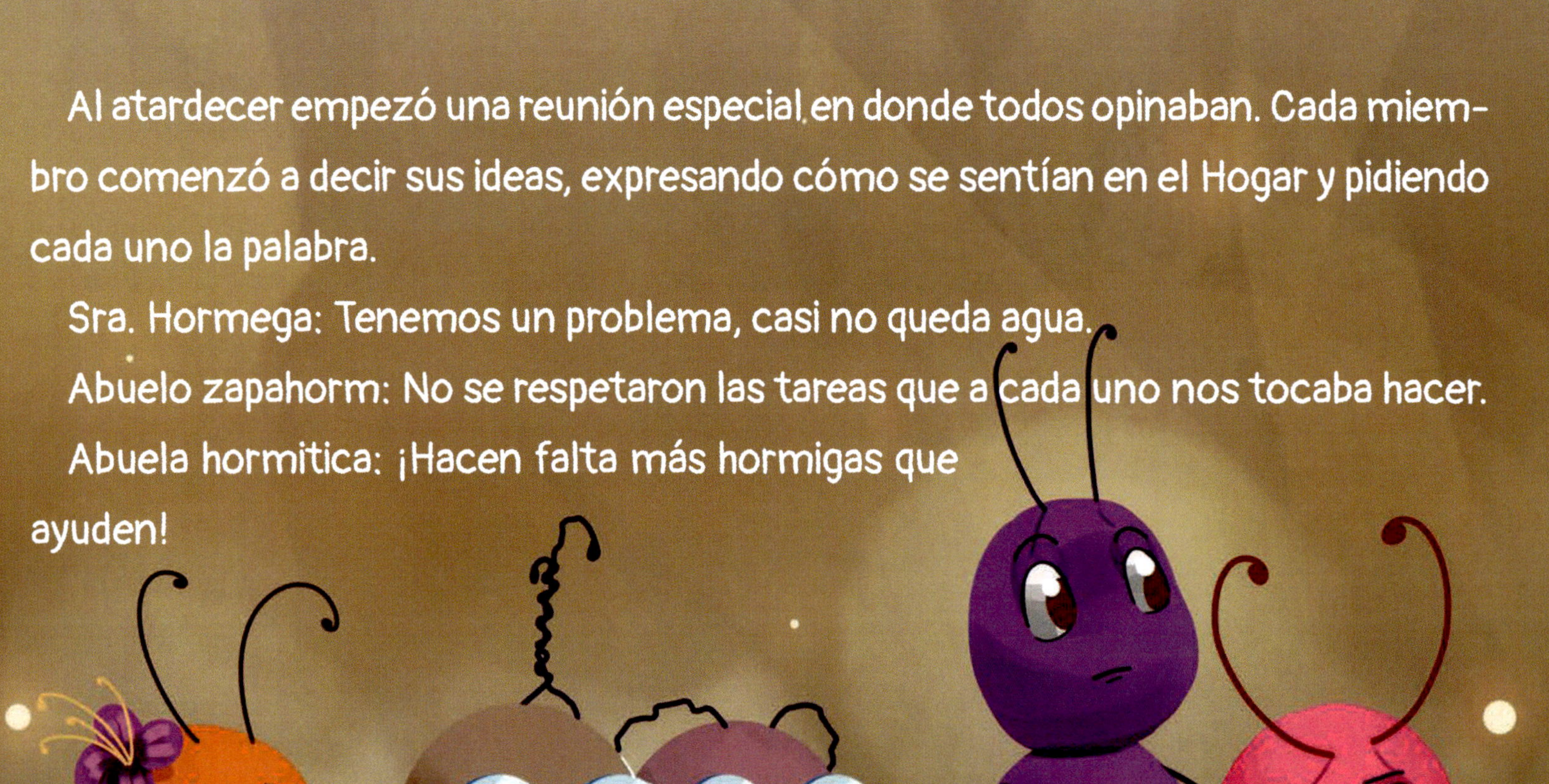

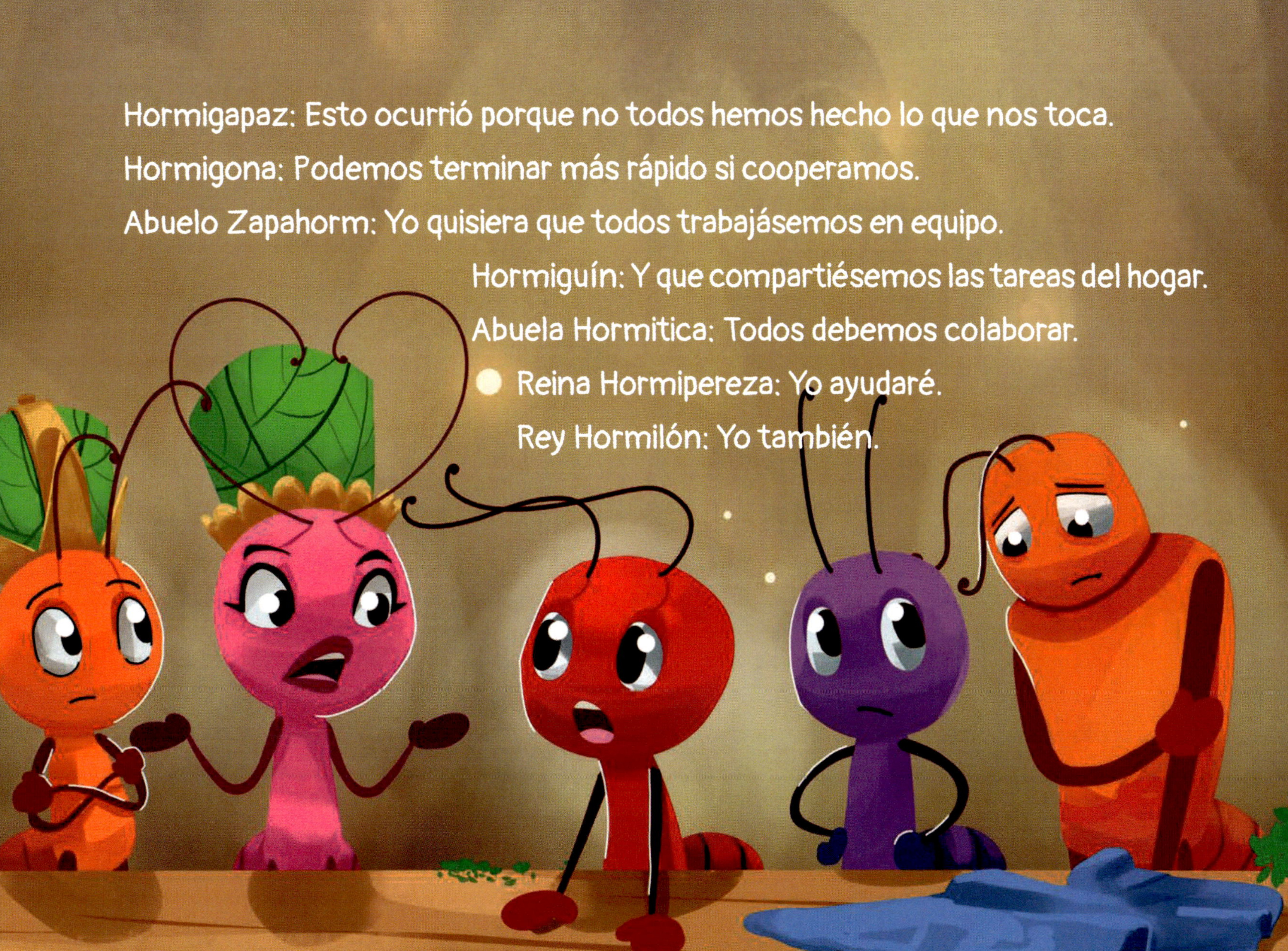

Hormigapaz: Esto ocurrió porque no todos hemos hecho lo que nos toca.
Hormigona: Podemos terminar más rápido si cooperamos.
Abuelo Zapahorm: Yo quisiera que todos trabajásemos en equipo.
Hormiguín: Y que compartiésemos las tareas del hogar.
Abuela Hormitica: Todos debemos colaborar.
Reina Hormipereza: Yo ayudaré.
Rey Hormilón: Yo también.

Después, los reyes se fueron a su alcoba a descansar. Y fueron pensando acerca de cómo estaba el Hogar de Cueva Mayor y se sintieron un poco mal al darse cuenta de todo lo que les habían exigido a las hormigas.

Hablaron un ratito más y decidieron unirse a todas las Hormigas para ayudar y, dejando sus coronas en el suelo, lo hicieron. Todas las hormigas estaban asombradas con este cambio y los integraron como a unas más del grupo.

De pronto, un fuerte ruido estremeció el recinto de las hormigas, provocando un deslizamiento de arena por todas partes.

Algunas se preguntaban qué pasaba y entonces se dieron cuenta que era el Sr. Trueno que avisaba con su voz ronca la llegada de la sra. Lluvia.

Sra. Lluvia: ¡Aquí viene la lluviaaaa!

Y debajo del Sr. Trueno se observaban las nubes oscurecidas por el agua de la cabellera de la Sra. Lluvia y, al poco tiempo del aviso, miles de gotas de agua llegaban a la ciudad de Hormiguelandia, llenando sus depósitos de agua.

Todas las hormigas saltaban de alegría, chapoteaban en los mini char-
cos de agua, usaban pequeñas gotas para rodar dentro de ellas y gritaban:
"¡Vivaaa, vivaaaa!".

Resuelto el problema de la sequía y quedando todos en armonía, todas las hormigas salieron a celebrar al son de la música, bailando y cantando.

Y así, por mucho mucho pero muuucho tiempo convivieron en familia las hormigas de Ciudad Hormiguelandia, compartiendo tareas, ayudándose, resolviendo problemas

a diario, animándose unos a otros con su alegría e incon-
fundible canto...

Chac, chac, chac, chac. Chac, chac, chac chac. Trabaja-
mos unidas, todas las hormigas, para que el trabajo salga
rapidito. Chac, chac, chac, chac. Chac, chac, chac, chac.

Marlid Teresa Ortega Aponte

APULEYO EDICIONES   FOMENTO DE VALORES   CUENTOS ILUSTRADOS

Ciudad de HORMIGUELANDIA

APULEYO EDICIONES   FOMENTO DE VALORES   CUENTOS ILUSTRADOS